LES DOSSIERS HACHETTE

Le temps

cycle 2

Françoise Guichard
Professeur agrégée de sciences
Jack Guichard
Professeur des Universités

hachette
ÉDUCATION

Crédits photographiques

Rabats : *cadran solaire :* © J. Foot / Getty Images ; *réveil :* © D. Freudenthal / Getty Images ; *horloge :* © P. Tait / Getty Images ; *bébé :* © C. Lavabre / Getty Images ; *adolescent :* © P. McConville / Getty Images ; *personne âgée :* © S. Vidler / Eurasia Press / Corbis. **Frise des transports (de gauche à droite et de haut en bas) :** © AKG-Images / SPL ; © Coll. Perrin / Kharbine-Tapabor ; © Coll. Kharbine-Tapabor ; © Keystone-France / Gamma-Rapho ; Ph. Royer / Hoa-Qui / Gamma-Rapho ; © Citroën / PSA ; © AKG-Images / SPL ; © Mary Evans / Keystone-France / Gamma-Rapho ; Keystone-France / Gamma-Rapho ; © Keystone-France / Gamma-Rapho ; © R. Gaillarde / Gamma-Rapho ; © Pool Bassignac / De Malglaive / Lafargue / Gamma-Rapho. **P. 5 :** © RMN (Château de Versailles) / Droits réservés. **P. 6 h :** © F. Krahmer / Bridge / Corbis ; **b :** © Jan Cobb Photography Ltd / Getty Images. **P. 7 h :** © M. Schlossman / Getty Images ; **b :** © J. Harper / Getty Images. **P. 9 :** © Planet Observer / Hoa-Qui / Gamma-Rapho. **P. 10 h :** © AKG-Images / A. Held ; **b :** © AKG-Images / E. Lessing. **P. 11 :** © M. Renaudeau / Hoa-Qui / Gamma-Rapho. **P. 14 hg :** © Casio France ; **hd :** © L. Robertson / Getty Images ; **mg :** © T. Rodriguez / Corbis ; **md :** © Influx Productions / Getty Images ; **bd :** © R. Koeberer / Getty Images. **P. 16 g :** © Th. Orban / Corbis Sygma ; **d :** © Arman, *L'Heure pour tous* / ADAGP, Banque d'Images, Paris 2011. **P. 17 :** © E. Hopkins / Getty Images. **P. 19 hg :** © H. van den Berg / Getty Images ; **hm :** © L. Botero / Getty Images ; **hd :** © Zama / Getty Images ; **bg :** © S. Schrader / Getty Images ; **bd :** © Nacivet / Getty Images. **P. 22 g :** © Giraudon / The Bridgeman Art Library Nationality ; **d :** © DEA Picture Library / Getty Images. **P. 23 :** © R. Doisneau / Gamma-Rapho. **P. 24 :** © J. Bengtsson / Etsa / Corbis. **P. 30 g :** © RMN (Domaine de Chantilly) / R.-G. Ojéda ; **d :** © Y. Talensac / Photononstop. **P. 31 :** © AKG-Images. **P. 32 :** © T. Pearson / Getty Images. **P. 34 :** © P. Adams / Getty Images. **P. 35 hg :** © Jarry / Tripleon / Top / Gamma-Rapho ; **hd :** © Biosphoto / M. Hazan ; **bg :** © R. Bloom / Getty Images ; **bd :** © J.-M. Lecerf / Hoa-Qui / Gamma-Rapho. **P. 36 hg :** © RMN / J.-G. Berizzi ; **hd :** © RMN / G. Blot ; **b :** © F. Lemmens / Getty Images. **P. 37 :** © RMN (musée Guimet, Paris) / H. Bréjat. **P. 40-41 :** © F. Guichard. **P. 42 hg :** © BNF ; **bd :** © APPL-Photos / R. Forrestier. **P. 43 :** Pablo Picasso, *Maya à la poupée* (1938) © Succession Picasso 2011 / © RMN / J.-G. Berizzi. **P. 44 h :** © Getty Images ; **hg :** © Getty Images ; **bg :** © A. Oberhauser / Getty Images ; **m :** © N. Pastor / Getty Images ; **d :** © M. Harmel / Getty Images. **P. 46 :** © Pinnacle Pictures / Getty Images. **P. 48 et P. 49 :** © Keystone-France / Gamma-Rapho. **P. 50 :** © J.-L. Petit / Gamma-Rapho. **P. 51 :** © MBA, Rennes, Dist. RMN / A. Baudoin. **P. 52 h :** Imaginechina / Zuma / REA ; **b :** © G. Sioen / Gamma-Rapho. **P. 53 h :** RMN (Domaine de Chantilly) / R.-G. Ojéda ; **b :** © AKG-Images / A. Jemolo. **P. 54 hg :** © Keystone-France / Gamma-Rapho ; **hd :** © Photographer 364 / Imagestate / Hoa-Qui / Gamma-Rapho ; **bg :** © Roger-Viollet ; **bd :** © A. Mo / Getty Images. **P. 55 hg :** © Keystone-France / Gamma-Rapho ; **hd :** © J.-F. Deroubaix / Gamma-Rapho ; **bg :** © D. Pearson / Getty Images ; **bd :** © Biosphoto / R. Blakers / Still Pictures. **P. 56 h :** © RMN (musée Guimet, Paris) / Th. Ollivier ; **b :** © Coll. Centre Pompidou, Dist. RMN / ADAGP, 2011. **P. 57 :** © RMN / H. Bréjat. **P. 58 g :** © Mary Evans / Keystone-France / Gamma-Rapho ; **mg :** sculpture du XIIIe siècle © G. Mermet / Gamma-Rapho ; **md :** sculpture d'André Millet (1819-1891) © H. Champollion / AKG-Images ; **d :** enluminure vers 1430 © AKG-Images ; **hg :** tableau de Hyacinthe Rigaud en 1701 © E. Van der Veen / Rapho / Gamma-Rapho ; **hd :** © Keystone-France / Gamma-Rapho ; **bg :** tableau de Jacques-Louis David (1748-1825) © RMN (Château de Versailles) / F. Raux ; **bd :** tableau de Jean Clouet (1475/1485-1540) © RMN / H. Lewandowski. **P. 60 hg :** fresque de J. E. Lenepveu (1889) © Gamma-Rapho ; **hd :** enluminure du XIVe siècle © AKG-Images ; **bg :** tableau de Friedrich Pecht (1814-1903) ; **bd :** lithographie anonyme de 1890 © AKG-Images. **P. 61 hg :** © J. Fuste Raga / Explorer / Gamma-Rapho ; **hd :** tableau (1806) de Jean-Dominique Ingres (1780-1867) © R. Gaillarde / Gamma-Rapho ; **bg :** lithographie vers 1840 © AKG-Images ; **md :** © R. Doisneau / Gamma-Rapho ; **bd :** © W. Buss / Hoa-Qui / Gamma-Rapho. **P. 62 g :** © BNF ; **d :** © G. Guittard / Hoa-Qui / Gamma-Rapho. **P. 63 :** © S. Grandadam / Hoa-Qui / Gamma-Rapho.

Responsable de projet : Delphine DEVEAUX
Éditeur assistant : Élise GOUPIL
Création de la maquette de couverture : Laurent CARRÉ et Estelle CHANDELIER
Exécution de la maquette de couverture : TYPO-VIRGULE
Illustration de la couverture : Matthieu ROUSSEL
Création de la maquette intérieure : Laurent CARRÉ
Mise en pages : TYPO-VIRGULE
Illustrations : Gilles POING (illustrations techniques) ; Anne-Sophie LANQUETIN (scènes avec personnages) ; Nathalie DESVERCHÈRE (picto « Sommaire », cadre et picto « Lexique », fonds matière des bandeaux et des « Bloc-notes »)
Recherche iconographique : Sophie LENOIR, Emmanuelle SAINT, Élise GOUPIL et Delphine DEVEAUX
Fabrication : Nicolas SCHOTT

ISBN : 978-2-01-117561-8

Avant-propos

Se repérer dans le temps correspond à une partie importante du programme 2008 de découverte du monde du Cycle 2, dans le cadre du palier 1 du socle commun. Ce **DOSSIER** permet une approche pluridisciplinaire du temps qui passe, intégrant une démarche d'investigation scientifique, une découverte historique et une approche littéraire et artistique. Le point de départ du **DOSSIER** est scientifique : il développe d'abord la mesure du temps, avec sa structuration et sa représentation en lien avec la vie et les activités de l'enfant (le jour et la nuit, les mois, les saisons et l'année). Il s'appuie ensuite sur une démarche historique, du passé proche au passé lointain, avec quelques figures et dates de l'histoire de France.

L'objectif de ce **DOSSIER** est de permettre aux élèves de construire la notion du temps. Il est découpé en 9 chapitres. Chacun s'organise en trois doubles pages qui traitent des grandes thématiques du programme :

– Les deux premières doubles pages abordent chacune une problématique à partir de documents variés : photographies, schémas scientifiques, textes, scènes illustrées… Les enfants observent et répondent à des questions qui accompagnent leur réflexion et les aident à construire leurs connaissances.

– La dernière double page, intitulée « *L'œil de l'artiste…* », montre aux élèves comment le thème abordé a inspiré les artistes, à partir de la découverte de poésies, de chansons et d'œuvres d'art diversifiées. Elle s'achève par un « Bloc-notes » qui fait le point sur les connaissances acquises dans le chapitre.

Après les chapitres 3 et 6, une double page « *À la manière de…* » propose des réalisations qui aident à structurer le temps :

– une démarche expérimentale pour comprendre le fonctionnement d'un sablier et mesurer le temps ;

– la construction d'une frise chronologique pour structurer sa perception du temps vécu.

À la fin de l'ouvrage, un lexique explique aux élèves les mots clés écrits en rouge dans les « Bloc-notes ».

Françoise et Jack Guichard

SOMMAIRE

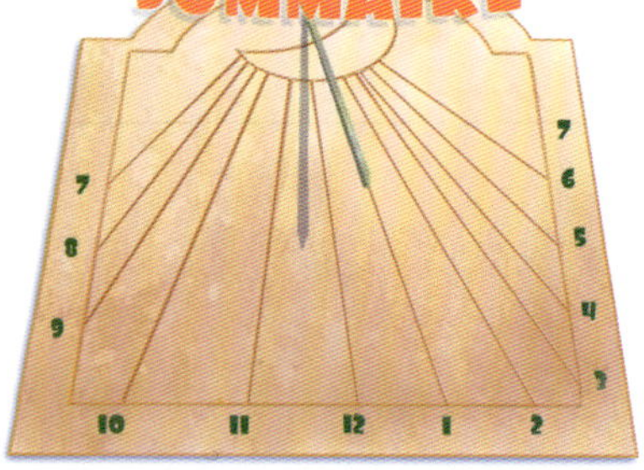

Le

temps

Est-ce le jour

Lorsque tu regardes le Soleil au cours de la journée, tu as l'impression qu'il se déplace dans le ciel.

Le Mont-Saint-Michel.

1. Observe les photographies ① à ④. Laquelle a été prise la nuit ? À quoi le vois-tu ?

2. Quelle est la différence entre le jour et la nuit ?

ou la nuit ?

Le Mont-Saint-Michel.

3. Quelles photographies ont été prises le matin ? le soir ? À quoi le vois-tu ?

4. Donne un nom à chaque photographie : la nuit, l'aube, le jour, le crépuscule.

Comment expliquer

Le Soleil apparaît tous les matins à l'est et disparaît tous les soirs à l'ouest. L'alternance du jour et de la nuit est due à la rotation de la Terre sur elle-même.

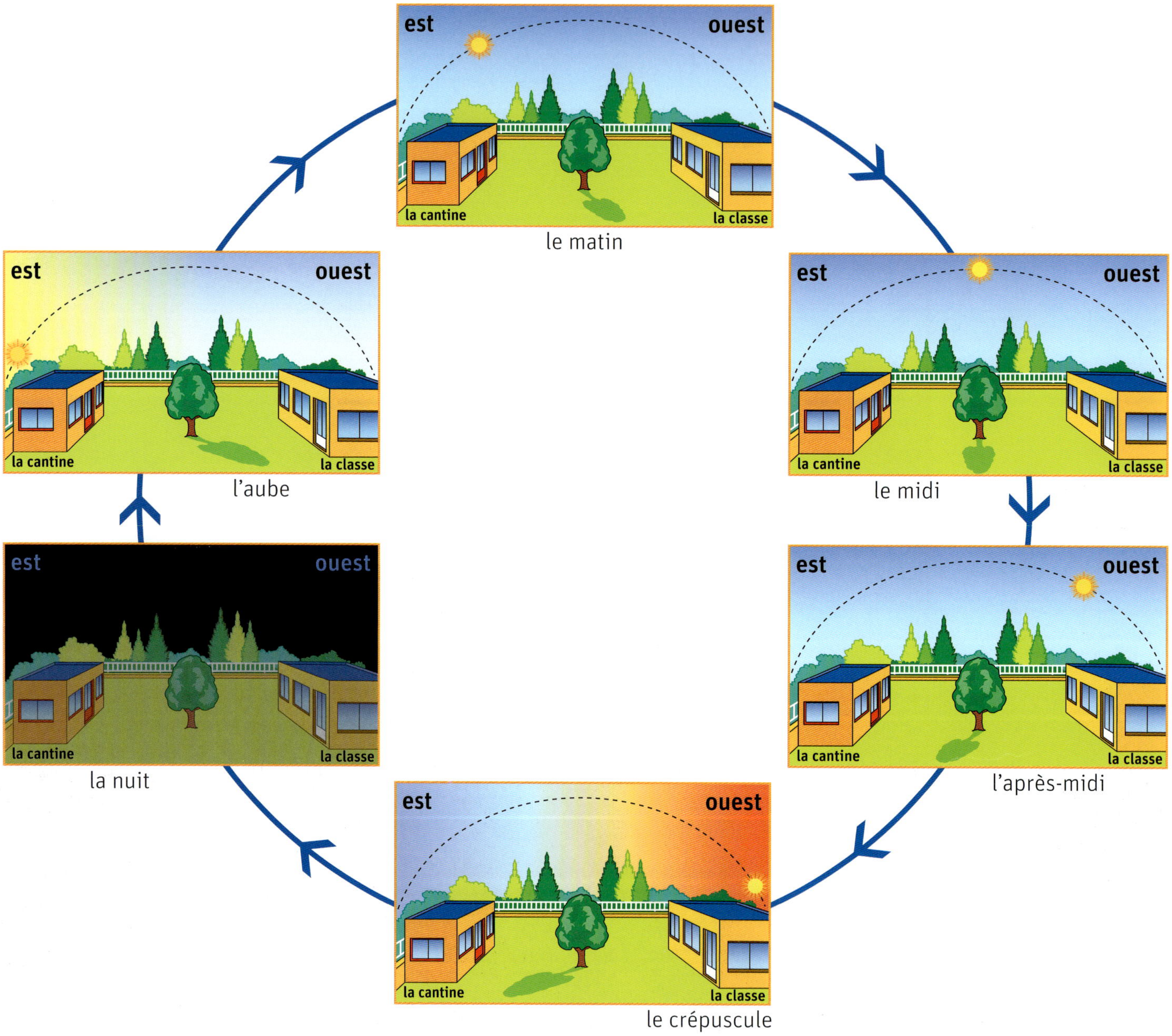

Document 1 : **La course du Soleil dans le ciel.**

1. De quel côté de la cour le Soleil se lève-t-il ?

2. À quel moment de la journée le Soleil est-il le plus haut dans le ciel ?

3. De quel côté de la cour le Soleil se couche-t-il ?

4. À quel moment de la journée le Soleil semble-t-il monter dans le ciel ?

Document 2 : Une expérience pour montrer comment la Terre tourne sur elle-même.
La ronde des enfants représente la Terre : elle tourne sur elle-même. Chaque enfant regarde droit devant lui. L'enfant seul à gauche est le Soleil : il est fixe, il ne bouge pas.

5. Chaque élève de la ronde voit-il tout le temps le Soleil ?

6. Tous les élèves voient-ils le Soleil en même temps ? Pourquoi ?

7. Quels élèves sont dans la nuit : ceux qui voient le Soleil ou ceux qui lui tournent le dos ? Pourquoi ?

Document 3 :
La Terre éclairée par le Soleil.
Cette photographie a été prise de l'espace par un satellite.

8. Quelle partie de la Terre est dans le jour ?

9. Quelle partie est dans la nuit ?

10. Faisait-il jour en France lorsque cette photographie a été prise ?

L'œil de l'artiste sur... le jour

Document 1 : Claude Monet, *Impression, soleil levant*, 1872.

1. Quelles sont les couleurs dominantes de ce tableau ?

2. À quel(s) moment(s) de la journée peut-on voir le Soleil de cette couleur ?

IMPRESSION FAUSSE

Dame souris trotte,
Noire dans le gris du soir,
Dame souris trotte,
Grise dans le noir.
[…]
Un nuage passe,
Il fait noir comme dans un four.
Un nuage passe.
Tiens, le petit jour !

Dame souris trotte,
Rose dans les rayons bleus.
Dame souris trotte,
Debout paresseux !

Paul Verlaine,
« Révérence Parler », *Parallèlement*, 1889.

Document 2 : Un poème.

Document 3 : Vincent Van Gogh, *Nuit étoilée sur le Rhône*, 1888.

3. Quelles sont les couleurs dominantes dans ce paysage ?

4. Que représentent les lumières jaunes dans le ciel ? et dans l'eau ?

Document 4 : Des masques de carnaval à Venise.

5. Que représentent ces masques de carnaval ?

6. Quelles couleurs l'artiste a-t-il utilisées pour chaque masque ? Pourquoi ?

LEXIQUE

Aube : moment où le Soleil se lève : il commence à faire jour.

Crépuscule : moment où le Soleil se couche, mais où il ne fait pas encore nuit.

BLOC-NOTES

Le jour et la nuit

Quand le Soleil éclaire la Terre, **il fait jour.** Sa lumière nous éclaire même quand il est caché par les nuages.

Quand la lumière du Soleil ne nous éclaire pas, **il fait nuit.**

La course du Soleil dans le ciel

Le Soleil semble se déplacer dans le ciel. Le matin, **il se lève à l'est** : c'est l'**aube**. Il semble monter, jusqu'au midi, où il est haut dans le ciel. L'après-midi, il descend et **se couche à l'ouest** : c'est le **crépuscule**.

La nuit, tu ne vois pas le Soleil, mais tu vois **la Lune et les étoiles** quand il n'y a pas de nuages.

La Terre tourne

Le jour et la nuit se succèdent sans cesse parce que **la Terre tourne sur elle-même.** Elle fait un tour complet **en 24 heures.** Le Soleil ne bouge pas.

Il fait jour lorsque le côté de la Terre où tu te trouves est face au Soleil. Il fait nuit lorsque le côté de la Terre où tu te trouves n'est pas éclairé par le Soleil.

Comment faire la différence

Connaître l'heure est utile pour te repérer dans le temps. Tu as besoin de mesurer des durées pour connaître le temps qu'il faut pour faire quelque chose.

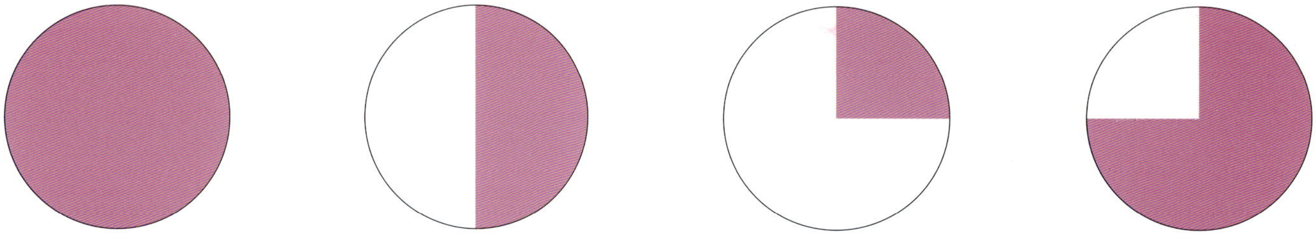

Document 1 : **Le découpage de l'heure.**

1. Combien y a-t-il de demi-heures dans 1 heure ? et de quarts d'heure (Document 1) ?

2. Lorsque tu mets 1 heure pour faire quelque chose, combien de minutes s'écoulent-elles ?

3. Que fait le professeur de sport ?

4. À quoi vois-tu que du temps s'est écoulé entre le dessin (a) et le dessin (b) ?

5. Le professeur mesure-t-il un horaire ou une durée ?

Document 2 : **Une course.**

6. À quelle heure le papa met-il le gâteau au four (Document 3) ?

7. Pendant combien de temps le gâteau va-t-il cuire ?

8. À quelle heure le gâteau est-il cuit ?

9. Grâce à quel instrument sait-on que le gâteau est cuit ?

Document 3 : **La cuisson d'un gâteau.**

entre une durée et un horaire ?

Regarde d'abord **la petite aiguille** : elle montre un nombre qui indique l'**heure**.

- → Elle fait **1 tour** de cadran en **12 heures**.
- → Elle fait **2 tours** de cadran en **24 heures** (1 jour).

Regarde ensuite **la grande aiguille** : elle indique les **minutes**.

L'aiguille fine indique les **secondes**.

Document 4 : Le cadran d'une montre.

10. Observe les aiguilles de cette montre. Pour savoir l'heure qu'il est, quelle aiguille faut-il regarder en premier ?

11. Laquelle faut-il regarder ensuite ? Pourquoi ?

12. Quel nombre indique la petite aiguille ?

13. Quel nombre indique la grande aiguille ?

14. Quelle heure est-il ?

Avec quels instruments

Différents instruments peuvent t'aider à mesurer une durée ou à connaître un horaire.

Document 1 : Une montre numérique.

Document 2 : Un minuteur de cuisine.

Document 4 : Un chronomètre digital et un chronomètre à aiguilles.

Document 3 : Un radio-réveil.

Document 5 : Un sablier.

1. À quoi sert chacun de ces instruments ?

2. Lesquels permettent de lire l'heure ?

3. Lesquels permettent de mesurer une durée ?

Document 6

4. Associe un instrument de mesure (Documents 1 à 5) à chaque situation figurant sur le dessin (Document 6).

L'œil de l'artiste sur... la mesure

Document 1 : Un poème.

L'HORLOGE

S'en allant à Pampelune,
Par un joli soir de lune,

S'en allant à Pampelune,
Une horloge sonna *une*.

En longeant les murs de Dreux,
Cette horloge sonna *deux*.

Passant le gué de Longroy,
Cette horloge sonna *trois*.

Mais en s'attardant à Chartres,
Cette horloge sonna *quatre*,

Cinq, *six*, *sept*, *huit*, *neuf*, *dix*, *onze*,
En admirant les colombes

Descendant comme des flammes
Sur les tours de Notre-Dame.

Et oubliant Pampelune
Et ses beaux châteaux de lune :

« Qu'allais-je y faire, dit-elle,
Lorsque la France est si belle !

Retournons vite à Paris.
Bonnes gens, il est *midi*. »

Maurice Carême, *Pomme de reinette*,

Document 2 : Jean-Bernard Métais, ***Temps imparti – Éclipses***, **Paris, 2000.**
Un sablier géant. La chute du sable dure 4 mois.

Document 3 : Arman, ***L'Heure de tous***, **1985, gare Saint-Lazare, Paris.**

1. Pourquoi cette œuvre est-elle surprenante (Document 2) ?

2. Selon toi, pourquoi l'artiste a-t-il réalisé cette sculpture devant une gare (Document 3) ?

Document 4 : Edith Hopkins, *Tic tac, tic tac*, XIXe siècle.

3. Que fait la jeune femme avec son bébé ?

4. À ton avis, pourquoi l'artiste a-t-elle peint cette horloge ?

LEXIQUE

Durée : temps qu'il faut pour faire quelque chose.

Heure : moment précis dans une journée. 1 heure = 60 minutes.

BLOC-NOTES

L'heure

Pour te repérer dans la journée, tu as besoin de connaître l'**heure**. Pour cela, tu peux utiliser différents instruments. La **montre** et l'**horloge** indiquent les heures, les minutes et parfois les secondes.

Pour lire l'heure, il faut d'abord regarder la petite aiguille : elle indique les **heures**. Ensuite, il faut regarder la grande aiguille : elle indique les **minutes**. Certains cadrans ont en plus une aiguille fine qui indique les **secondes**.

Il y a **24 heures** dans 1 jour, **60 minutes** dans 1 heure et **60 secondes** dans 1 minute.

La mesure des durées

Pour savoir combien de temps tu mets pour faire quelque chose, tu dois mesurer une **durée**.

Plusieurs instruments peuvent t'aider. Pour surveiller le temps de cuisson d'un plat, tu peux te servir d'un **minuteur**. Pour savoir en combien de temps tu fais une course, ton professeur peut utiliser un **chronomètre**. Lors d'un jeu, tu peux aussi utiliser un **sablier**.

Quels sont les différents

La journée se déroule en plusieurs étapes : le matin, le midi, l'après-midi et le soir. Puis c'est la nuit et une nouvelle journée recommence. Au cours d'une journée, tu accomplis de nombreuses activités. Un jour dure 24 heures.

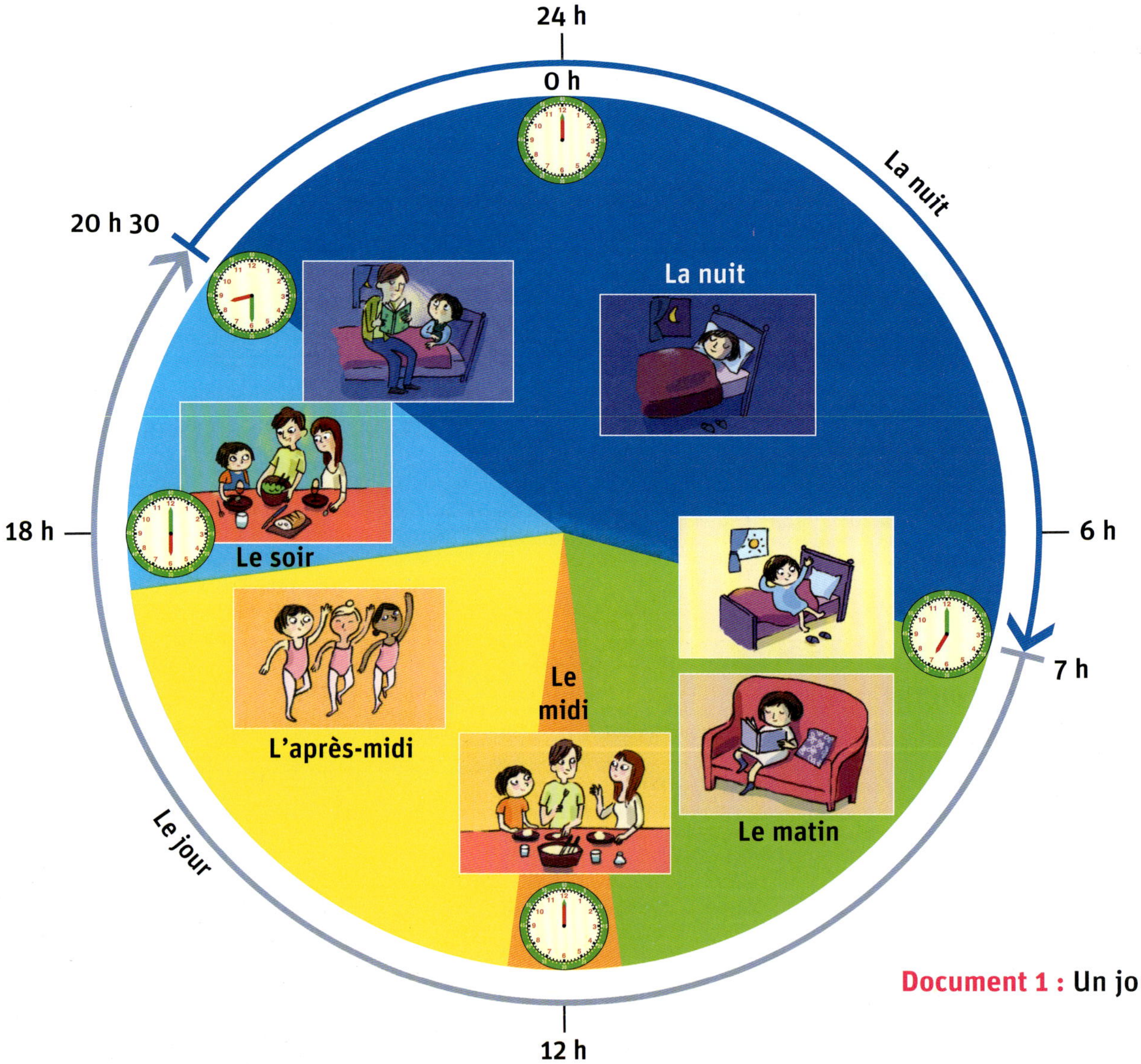

Document 1 : Un jour.

1. Quels sont les différents moments de la journée ?

2. Quel type d'activité fait-on à midi ? l'après-midi ? à minuit ?

3. À quel moment va-t-on se coucher ? Quel est le moment qui suit ?

4. Qu'y a-t-il après la nuit ?

5. Décris une de tes journées quand tu ne vas pas à l'école.

moments de la journée ?

Document 2 :
Les activités de la journée.

6. Quelles photographies correspondent à une activité du matin ? du midi ? de l'après-midi ?

7. Quelle activité termine la journée ? Montre la photographie qui correspond.

8. À quels moments de la journée doit-on se brosser les dents ?

9. Remets ces photographies dans l'ordre du déroulement d'une journée.

10. Quels moments de tes journées habituelles ne retrouves-tu pas sur ces photographies ?

Document 3 :
La frise chronologique d'un jour.

11. Combien de temps dure 1 jour ?

12. Qu'y a-t-il après le matin ?

13. Dessine ce que tu as fait ce matin. Retrouves-tu les mêmes activités que celles placées sur la frise ?

Comment se déroule

Tes journées d'école ne se ressemblent pas. Certaines de tes activités se répètent d'un jour à l'autre, d'autres sont différentes.

Document 1 : La journée d'école de Samia le lundi.

1. À quel moment de la journée Samia fait-elle des mathématiques (Document 1) ?

2. Que fait-elle le matin ?

3. Où déjeune-t-elle ?

4. À quel moment de la journée la lecture a-t-elle lieu ?

5. Dessine sur une frise chronologique les différents moments d'une de tes journées d'école.

	Mardi	
Matin		Mathématiques
		Arts visuels
Midi		Déjeuner
Après-midi		Lecture
		Éducation physique et sportive

Document 2 : L'emploi du temps d'école de Samia le mardi.

6. À quoi sert un emploi du temps (Document 2) ?

7. À quel moment de la journée Samia fait-elle des mathématiques le mardi ? et le lundi (Document 1) ?

8. Quelle activité sportive fait-elle le mardi ? et le lundi (Document 1) ?

9. Quelle activité Samia fait-elle le mardi mais pas le lundi ?

une journée d'école ?

Document 3 : La journée d'école de Paul.

10. Voici différents moments de la journée de Paul mis dans le désordre (Document 3). Remets-les dans l'ordre.

11. Écris un texte pour décrire les différents moments de sa journée.

12. Décris dans un texte une de tes journées d'école.

L'œil de l'artiste sur…

Document 1 : Pierre-Auguste Renoir, *Claude Renoir jouant*, 1905, musée de l'Orangerie, Paris.

1. Que fait ce garçon (Document 1) ?

2. Regarde l'expression sur son visage. Quelle impression se dégage de ce tableau ?

LE JOUR ET LA NUIT

Quand on dit « bonjour »,
Que les enfants courent
Vers l'école pour
Jouer dans la cour,
C'est le jour.
Quand la Lune luit,
Que les chats sont gris,
Qu'on est dans son lit
Au calme et sans bruit,
C'est la nuit.

Corinne Albaut, *in Comptines en pyjama*, coll. « Petits Bonheurs », © Actes Sud Junior.

Document 2 : Un poème.

Document 3 : Edgar Degas, *Petite Danseuse*, statue en bronze, 1921-1931.

3. Quelle activité cette sculpture représente-t-elle (Document 3) ?

4. Quelle impression donne le visage de cette petite fille ?

5. Que ressens-tu face à cette sculpture ?

la journée

Document 4 : Robert Doisneau, ***L'Information scolaire*****, 1956.**

6. Où Robert Doisneau a-t-il pris cette photographie ?

7. Ta classe ressemble-t-elle à celle-ci ?

8. Pourquoi cette photographie est-elle drôle ?

LEXIQUE

Emploi du temps : programme des activités à faire dans une journée.

Frise chronologique : événements placés sur une ligne dans l'ordre de leur déroulement.

Jour : il a une durée de 24 heures.

Loisir : activité passée en dehors de l'école, le mercredi, le week-end ou pendant les vacances.

BLOC-NOTES

Un jour

1 jour dure 24 heures. Au cours d'un jour, le jour et la nuit se succèdent.

Une journée dure du matin au soir. Elle se déroule en plusieurs étapes toujours dans le même ordre : le matin, le midi, l'après-midi, le soir. Différentes activités rythment ta journée : te lever, te laver, t'habiller, prendre ton petit-déjeuner… Certaines se répètent tous les jours.

Le déroulement d'une journée

– **Le matin**, le Soleil se lève. Tu te réveilles. Ta journée commence. Tu te laves et tu prends ton petit-déjeuner. Tu pars à l'école. Si c'est le week-end ou les vacances, tu as d'autres activités avec tes parents ou tes amis.

– **Le midi**, tu déjeunes à la cantine ou à la maison avec tes parents.

– **L'après-midi**, soit tu es à l'école, soit tu as des **loisirs**.

– **Le soir**, le Soleil se couche. La nuit tombe. Tu dînes, tu te brosses les dents. Puis tu te couches et tu t'endors.

Représenter les moments de la journée

Tu peux représenter une journée de deux manières : par un **cercle** ou par une **frise chronologique**. Tu peux représenter les différents moments de ta journée par des **photographies**, des **dessins** ou un **emploi du temps**.

À la manière de...

Je construis un sablier

Construis un sablier. Cela te permettra de comprendre comment tu peux mesurer une durée.
De quoi dépend le temps d'écoulement du sable dans un sablier ? Imagine des causes possibles.

Un sablier.

Je recherche

Tu vas chercher à savoir si la durée d'écoulement du sable dépend de la taille du trou du sablier.

Je construis un premier sablier

Remplis l'une des deux bouteilles (A) avec du sable (dessin ①).
Retourne la bouteille vide (B) au-dessus de la bouteille pleine (A) et assemble le tout avec du ruban adhésif large (dessin ②).

Matériel

- 4 petites bouteilles en plastique (50 cl) ;
- 1 bouchon percé (trou de la taille d'un crayon) ;
- du ruban adhésif ;
- du sable sec.

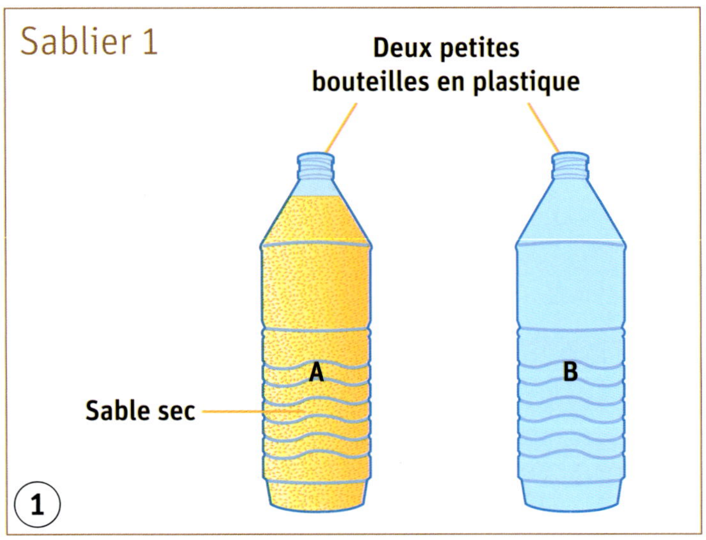

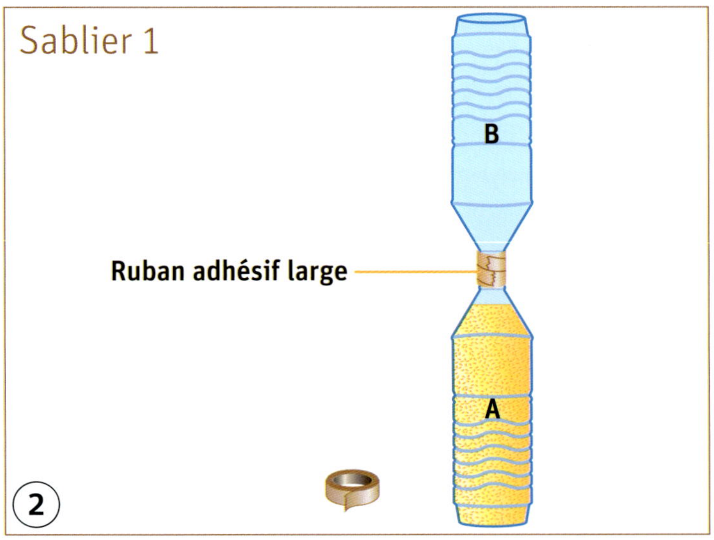

Je construis un second sablier

Remplis complètement l'une des bouteilles (A) avec du sable sec. Visse dessus le bouchon percé (dessin ①). Retourne la bouteille vide (B) au-dessus de la bouteille pleine (A) et de son bouchon. Puis assemble le tout avec du ruban adhésif (dessin ②).

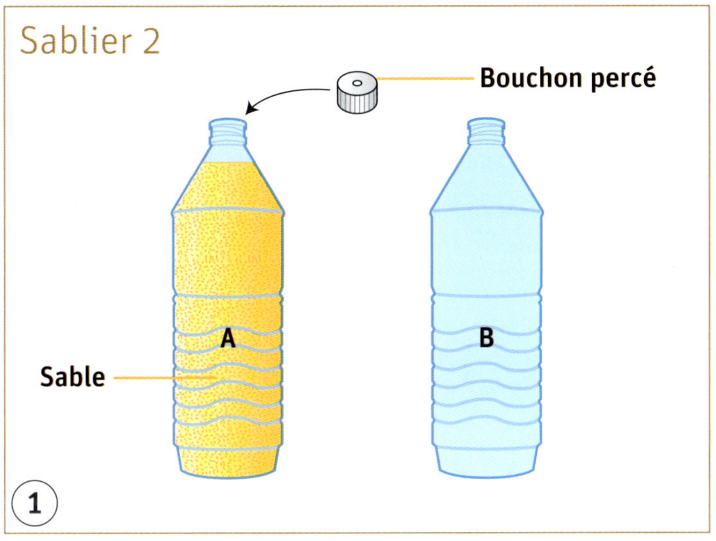

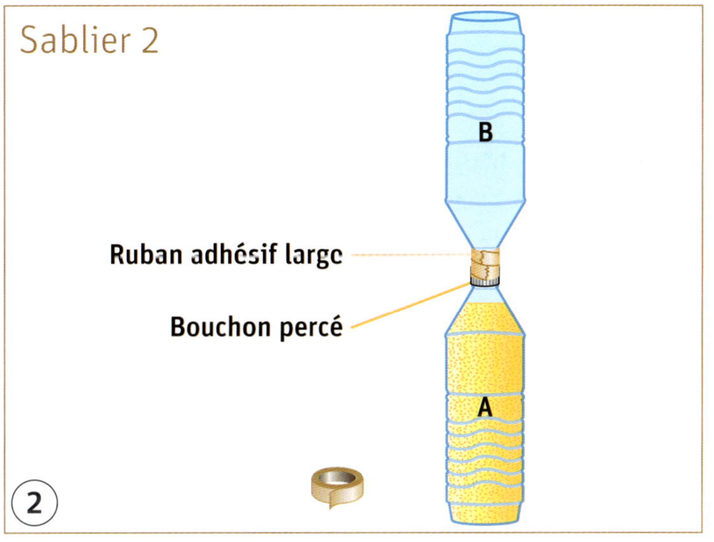

Je compare

Retourne en même temps les deux sabliers que tu as fabriqués.
Dans quel sablier le sable s'est-il écoulé le plus vite ? Pourquoi ?

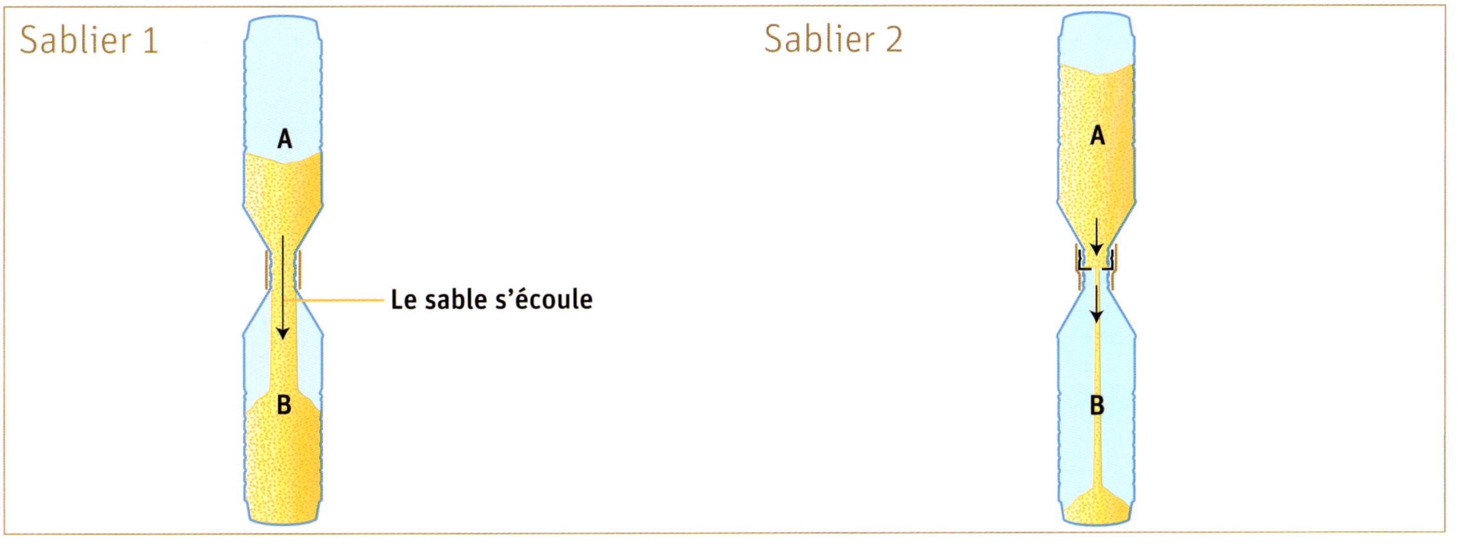

Je conclus

Plus le trou par lequel le sable s'écoule est large, plus le sable s'écoule vite : le sablier mesure une durée plus courte.

Qu'est-ce qu'une

Il y a 7 jours dans 1 semaine : du lundi au dimanche.

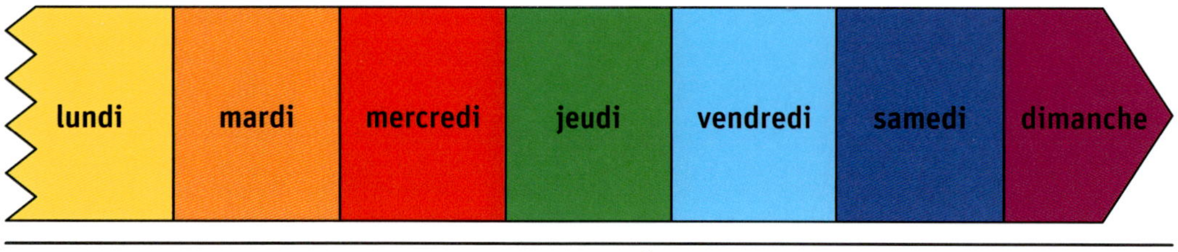

Document 1 : Les jours de la semaine sur une ligne du temps.

COMPTINE

Bonjour, Lundi,
Et toi, Mardi,
Va dire à Mercredi
Que nous irons Jeudi
Chercher Vendredi,
Pour aller Samedi
Dîner chez Dimanche,
En cravate blanche.

Document 2

1. Combien y a-t-il de jours dans 1 semaine (Documents 1 et 2) ?

2. Quels sont les jours de la semaine ?

3. Quel jour vient après mercredi ? et avant ?

4. L'ordre des jours est-il toujours le même chaque semaine ?

5. Quels sont les deux derniers jours de la semaine ?

6. Quel nom donne-t-on à la fin de la semaine ?

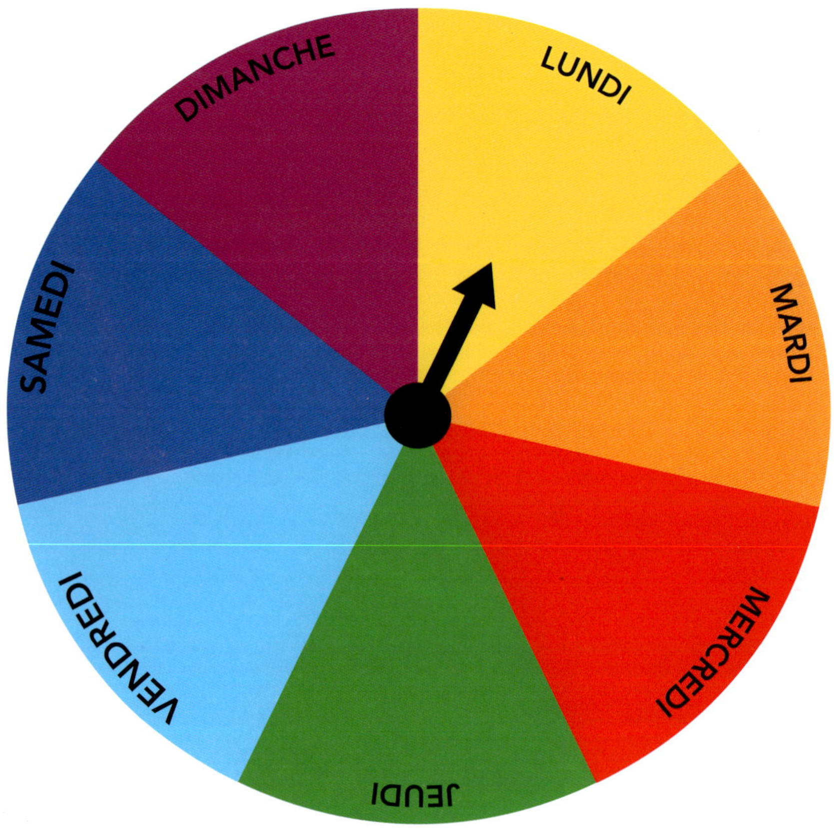

Document 3 : Le semainier.

7. Dans quel sens faut-il faire tourner l'aiguille pour avoir les jours dans le bon ordre ?

8. Par quel jour commence la semaine ?

9. Quel jour vient avant lundi ?

10. Quel jour vient après dimanche ?

semaine ?

	Lundi	Mardi	Mercredi	Jeudi	Vendredi	Samedi	Dimanche
Matin	français	français	chez mamie	français	français	maison	maison
	maths	EPS		maths	découverte du monde		
Midi	cantine	cantine	chez mamie	cantine	cantine	maison	maison
Après-midi	lecture	anglais	sport	instruction civique	maths	musique	promenade
	musique	découverte du monde		arts visuels	EPS		

Document 4 : L'emploi du temps de la semaine d'Enzo.

	Lundi	Mardi	Mercredi	Jeudi	Vendredi	Samedi	Dimanche
Matin	français	français	centre aéré	français	français	courses	maison
	maths	découverte du monde		maths	EPS		
Midi	cantine	cantine	cantine	cantine	cantine	maison	maison
Après-midi	anglais	arts visuels	danse	lecture	maths	cinéma	promenade
	EPS	instruction civique		musique	découverte du monde		

Document 5 : L'emploi du temps de la semaine de Julie.

11. À quoi sert un emploi du temps ?

12. Combien y a-t-il de jours d'école ? Cite-les.

13. Quel(s) jour(s) Julie fait-elle des mathématiques ?

14. Quel(s) jour(s) Enzo fait-il de la musique ? En fait-il uniquement à l'école ?

15. Enzo et Julie sont-ils dans la même classe ? Explique pourquoi.

Qu'est-ce qu'un mois

Il y a environ 4 semaines dans 1 mois et 12 mois dans 1 année.

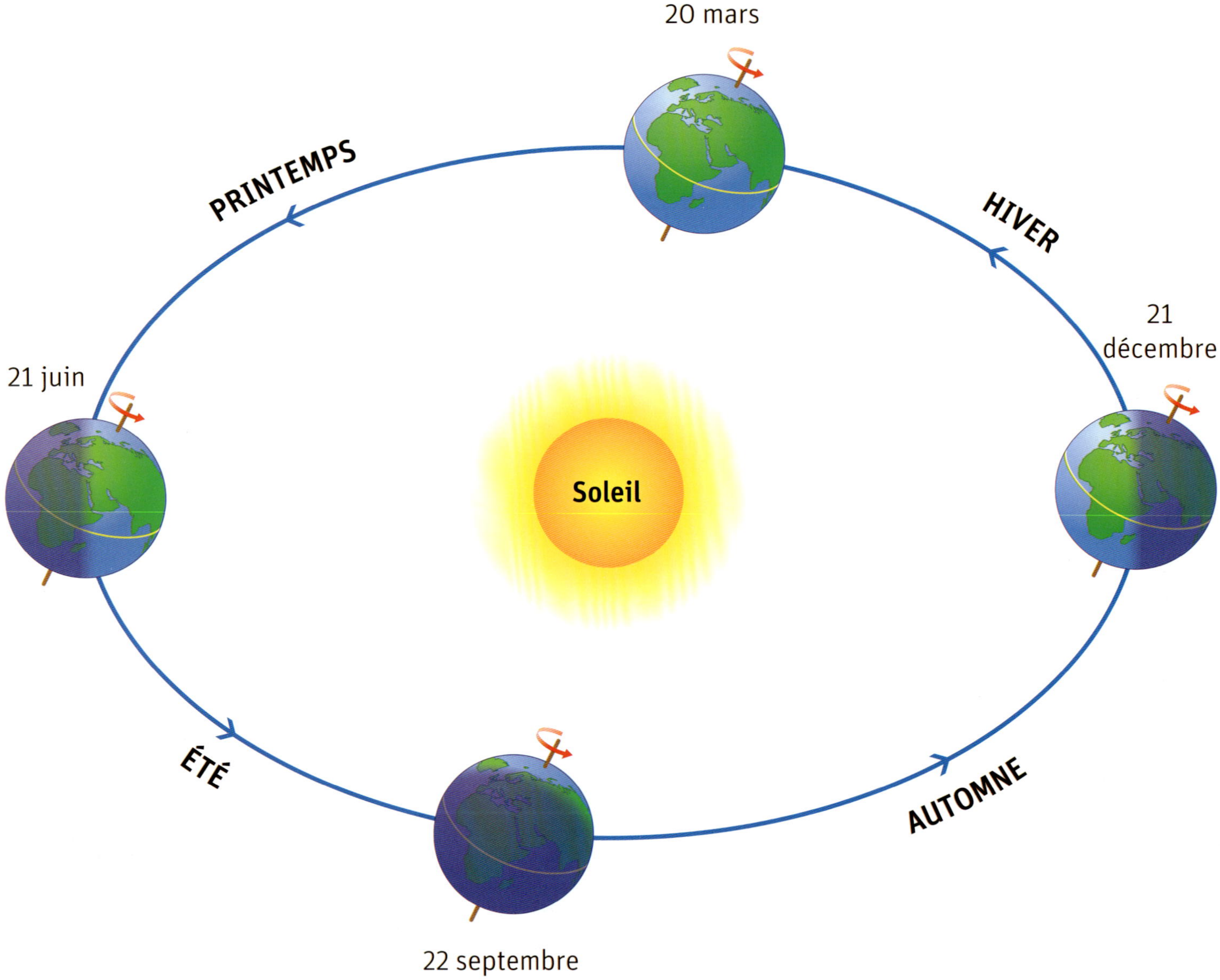

Document 1 : La Terre tourne autour du Soleil en 1 an (365 jours).

1. Combien de temps la Terre met-elle pour faire un tour autour du Soleil ?

2. Sur ce schéma, à quel endroit la Terre se trouve-t-elle aujourd'hui ?

3. À quel endroit sera-t-elle dans 1 an exactement ?

4. Pourquoi retrouve-t-on les mêmes saisons chaque année ?

et une année ?

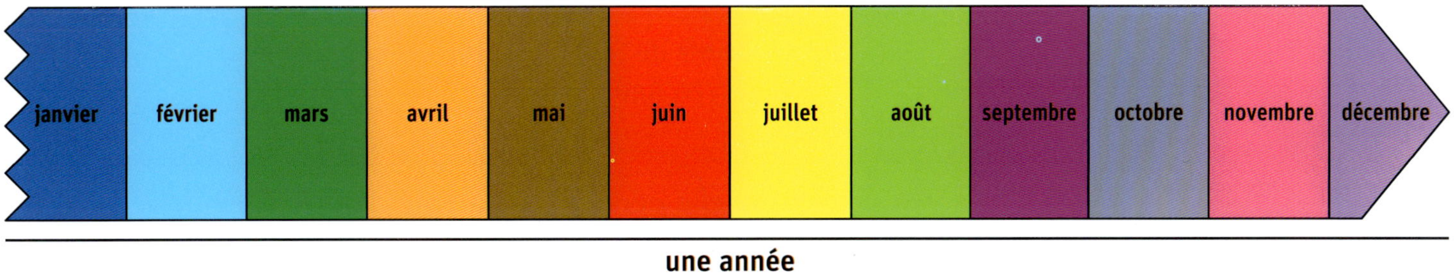

Document 2 : Les mois de l'année.

5. Combien y a-t-il de mois dans l'année ?

6. Quel mois suit le mois de mars ? Lequel précède le mois d'octobre ?

2014

JANVIER			
1	M	**JOUR de l'AN**	
2	J	S. Basile	
3	V	Se Geneviève	
4	S	S. Odilon	
5	**D**	S. Édouard	
6	L	Épiphanie	2
7	M	S. Raymond	
8	M	S. Lucien	
9	J	Se Alix	
10	V	S. Guillaume	
11	S	Se Pauline	
12	**D**	Se Tatiana	
13	L	Se Yvette	3
14	M	Se Nina	
15	M	S. Rémi	
16	J	S. Marcel	
17	V	Se Roseline	
18	S	Se Prisca	
19	**D**	S. Marius	
20	L	S. Sébastien	4
21	M	Se Agnès	
22	M	S. Vincent	
23	J	S. Barnard	
24	V	S. Fr. de Sales	
25	S	Conv. St Paul	
26	**D**	Se Paule	
27	L	Se Angèle	5
28	M	S. Thomas d'Aquin	
29	M	S. Gildas	
30	J	Se Martine	
31	V	Se Marcelle	

FÉVRIER			
1	S	Se Ella	
2	**D**	Présentation	
3	L	S. Blaise	6
4	M	Se Véronique	
5	M	Se Agathe	
6	J	S. Gaston	
7	V	Se Eugénie	
8	S	Se Jacqueline	
9	**D**	Se Appoline	
10	L	S. Arnaud	7
11	M	N.-D. Lourdes	
12	M	S. Félix	
13	J	Se Béatrice	
14	V	S. Valentin	
15	S	S. Claude	
16	**D**	Se Julienne	
17	L	S. Alexis	8
18	M	Se Bernadette	
19	M	S. Gabin	
20	J	Se Aimée	
21	V	S. P. Damien	
22	S	Se Isabelle	
23	**D**	S. Lazare	
24	L	S. Modeste	9
25	M	S. Roméo	
26	M	S. Nestor	
27	J	Se Honorine	
28	V	S. Romain	

MARS			
1	S	S. Aubin	
2	**D**	S. Charles le Bon	
3	L	S. Guénolé	10
4	M	Mardi-Gras	
5	M	S. Olive	
6	J	Se Colette	
7	V	Se Félicité	
8	S	S. Jean de Dieu	
9	**D**	Se Françoise	
10	L	S. Vivien	11
11	M	Se Rosine	
12	M	Se Justine	
13	J	S. Rodrigue	
14	V	Se Mathilde	
15	S	Se Louise	
16	**D**	Se Bénédicte	
17	L	S. Patrice	12
18	M	S. Cyrille	
19	M	S. Joseph	
20	J	PRINTEMPS	
21	V	Se Clémence	
22	S	Se Léa	
23	**D**	S. Victorien	
24	L	Se Cath. de Suède	
25	M	Annonciation	13
26	M	Se Larissa	
27	J	S. Habib	
28	V	S. Gontran	
29	S	Se Gwladys	
30	**D**	S. Amédée	
31	L	S. Benjamin	14

AVRIL			
1	M	S. Hugues	
2	M	Se Sandrine	
3	J	S. Richard	
4	V	S. Isidore	
5	S	Se Irène	
6	**D**	S. Marcelin	
7	L	S. J.-B. de la S.	15
8	M	Se Julie	
9	M	S. Gautier	
10	J	S. Fulbert	
11	V	S. Stanislas	
12	S	S. Jules	
13	**D**	Se Ida/Rameaux	
14	L	S. Maxine	16
15	M	S. Paterne	
16	M	S. Benoît-J	
17	J	S. Anicet	
18	V	S. Parfait	
19	S	Se Emma	
20	**D**	Se Odette	
21	L	**PÂQUES**	17
22	M	S. Alexandre	
23	M	S. Georges	
24	J	Se Fidèle	
25	V	S. Marc	
26	S	Se Alida	
27	**D**	Se Zita	
28	L	Se Valérie	18
29	M	Se Cath. de Sienne	
30	M	S. Robert	

MAI			
1	J	**Fête du TRAVAIL**	
2	V	S. Boris	
3	S	SS Phili. Jacq.	
4	**D**	S. Sylvain	
5	L	Se Judith	19
6	M	Se Prudence	
7	M	Se Gisèle	
8	J	**VICTOIRE 1945**	
9	V	S. Pacôme	
10	S	Se Solange	
11	**D**	Se Estelle	
12	L	S. Achille	20
13	M	Se Rolande	
14	M	S. Matthias	
15	J	Se Denise	
16	V	S. Honoré	
17	S	S. Pascal	
18	**D**	S. Éric	
19	L	S. Yves	21
20	M	S. Bernadin	
21	M	S. Constantin	
22	J	S. Émile	
23	V	S. Didier	
24	S	S. Donatien	
25	D	**Fête des Mères**	
26	L	S. Bérenger	22
27	M	S. Augustin	
28	M	S. Germain	
29	J	**ASCENSION**	
30	V	S. Ferdinand	
31	S	S. Visitation	

JUIN			
1	**D**	S. Justin	
2	L	Se Blandine	23
3	M	S. Kévin	
4	M	Se Clotilde	
5	J	S. Igor	
6	V	S. Norbert	
7	S	S. Gilbert	
8	**D**	S. Médard	
9	L	**PENTECÔTE**	24
10	M	S. Landry	
11	M	S. Barnabé	
12	J	S. Guy	
13	V	S. Antoine de P.	
14	S	S. Élisée	
15	D	**Fête des Pères**	
16	L	S. J.-F. Régis	25
17	M	S. Hervé	
18	M	S. Léonce	
19	J	S. Romuald	
20	V	S. Silvère	
21	S	ÉTÉ	
22	**D**	S. Alban/F. Dieu	
23	L	Se Audrey	26
24	M	S. Jean-Baptiste	
25	M	S. Prosper	
26	J	S. Anthelme	
27	V	S. Fernand	
28	S	S. Irénée	
29	**D**	SS Pierre-Paul	
30	L	S. Martial	27

Document 3 : Le calendrier des 6 premiers mois de l'année 2014.

7. Quels mois sont inscrits sur ce calendrier ? Quels mois n'y sont pas ?

8. Combien de jours y a-t-il en janvier ? et en avril ?

9. Quel jour de la semaine sera le 1er mai 2014 ?

10. Quelle est la date de ton anniversaire ? Quel jour de la semaine aura-t-il lieu en 2014 ?
Tu peux aussi utiliser le calendrier complet de l'année 2014 au début de ce livre.

L'œil de l'artiste sur... la semaine,

Document 1 :
« Le mois de février » dans un calendrier du Moyen Âge, 1416.

1. Quelle période de l'année dans le calendrier l'artiste a-t-il représentée ? À quoi le vois-tu ?

Document 2 : **La cathédrale Saint-Jean, à La Valette, à Malte, construite vers 1475.**

2. Que trouve-t-on d'original sur cette cathédrale ?

3. Essaie de comprendre à quoi servent ces trois cadrans.

4. Quel jour de la semaine cette photographie a-t-elle été prise ? et quel jour du mois ?

AU PAYS DU LUNDI

Au pays du lundi
On joue et on rit
Au pays du mardi
Dans la bibliothèque on lit
Au pays du mercredi
Pas d'école aujourd'hui
Au pays du jeudi
On dessine et on écrit
Au pays du vendredi
Les cahiers sont bien remplis
Au pays du samedi
On se repose dans son lit
Au pays du dimanche
Les deux mains sur les hanches
On recommence.

Document 3 : **Une comptine.**

le mois, l'année

Document 4 : Pierre de Coninck, *L'Anniversaire du grand-père*, 1851.

5. À quoi vois-tu que l'artiste a représenté un anniversaire ?

6. Quels sont les personnages présents sur ce tableau ?

7. Par quel moyen le peintre attire-t-il notre œil sur les personnages ?

LEXIQUE

Année : temps que met la Terre pour faire 1 tour autour du Soleil : 365 jours.

Semaine : période de 7 jours, du lundi au dimanche.

BLOC-NOTES

La semaine

Il y a **7 jours** dans 1 **semaine** : lundi, mardi, mercredi, jeudi, vendredi, samedi et dimanche.

Le samedi et le dimanche sont les deux derniers jours de la semaine : ils forment le **week-end**.

L'emploi du temps

Tu ne fais pas les mêmes choses tous les jours. L'**emploi du temps** t'indique les activités prévues chaque jour de la semaine. Certaines activités se répètent chaque semaine.

L'année

1 **année** est composée de 365 jours. Cette durée correspond au temps que met la Terre pour faire 1 tour autour du Soleil.

Il y a **12 mois** dans 1 année : janvier, février, mars, avril, mai, juin, juillet, août, septembre, octobre, novembre et décembre.

Le calendrier

Le calendrier commence le 1er janvier et se termine le 31 décembre. Il représente une année. Il indique les mois, les semaines et les jours. Il précise aussi parfois les fêtes à souhaiter chaque jour, les jours fériés et les vacances…

Une date correspond à un jour, un mois et une année.

Comment reconnaître

Les quatre saisons de l'année se succèdent dans l'ordre : l'hiver, le printemps, l'été et l'automne.

Document 1 : Les saisons d'un arbre.

1. Quelle photographie a été prise en hiver ? Pourquoi ?

2. Pourquoi peux-tu dire que la photographie 2 a été prise au printemps ?

3. Quelle photographie a été prise en automne ? Pourquoi ?

4. À quelle saison la photographie 3 a-t-elle été prise ? Pourquoi ?

les saisons ?

HAÏKU (1)

Toutes les fleurs dans le jardin
mais comment s'empêcher de cueillir
les jacinthes sauvages ?

Jean-Hugues Malineau,
Petits Haïkus des saisons,
L'École des Loisirs.

HAÏKU (2)

Dans la cour de l'école vide
les marronniers roussissent
quelle chaleur !

Jean-Hugues Malineau,
Petits Haïkus des saisons,
L'École des Loisirs.

HAÏKU (3)

Brûlant du bois mort
quand vient le soir on entend
la pluie automnale

Les 99 Haïkus de Ryōkan,
Verdier.

HAÏKU (4)

Nu dans l'arbre
un chant de mésange
matin d'hiver.

Jean-Hugues Malineau,
Petits Haïkus des saisons,
L'École des Loisirs.

Document 2 : Des haïkus sur les saisons.
Un haïku est un petit poème japonais.

5. Quelle saison est décrite dans chaque haïku ?

6. Quel(s) mot(s) t'a (ont) aidé(e) à trouver ?

7. Associe chaque haïku à la photographie de la saison qui lui correspond (page 32).

À quel moment de l'année

Au cours de l'année, le temps et les températures changent en fonction des saisons. Nous ne pratiquons pas les mêmes activités.

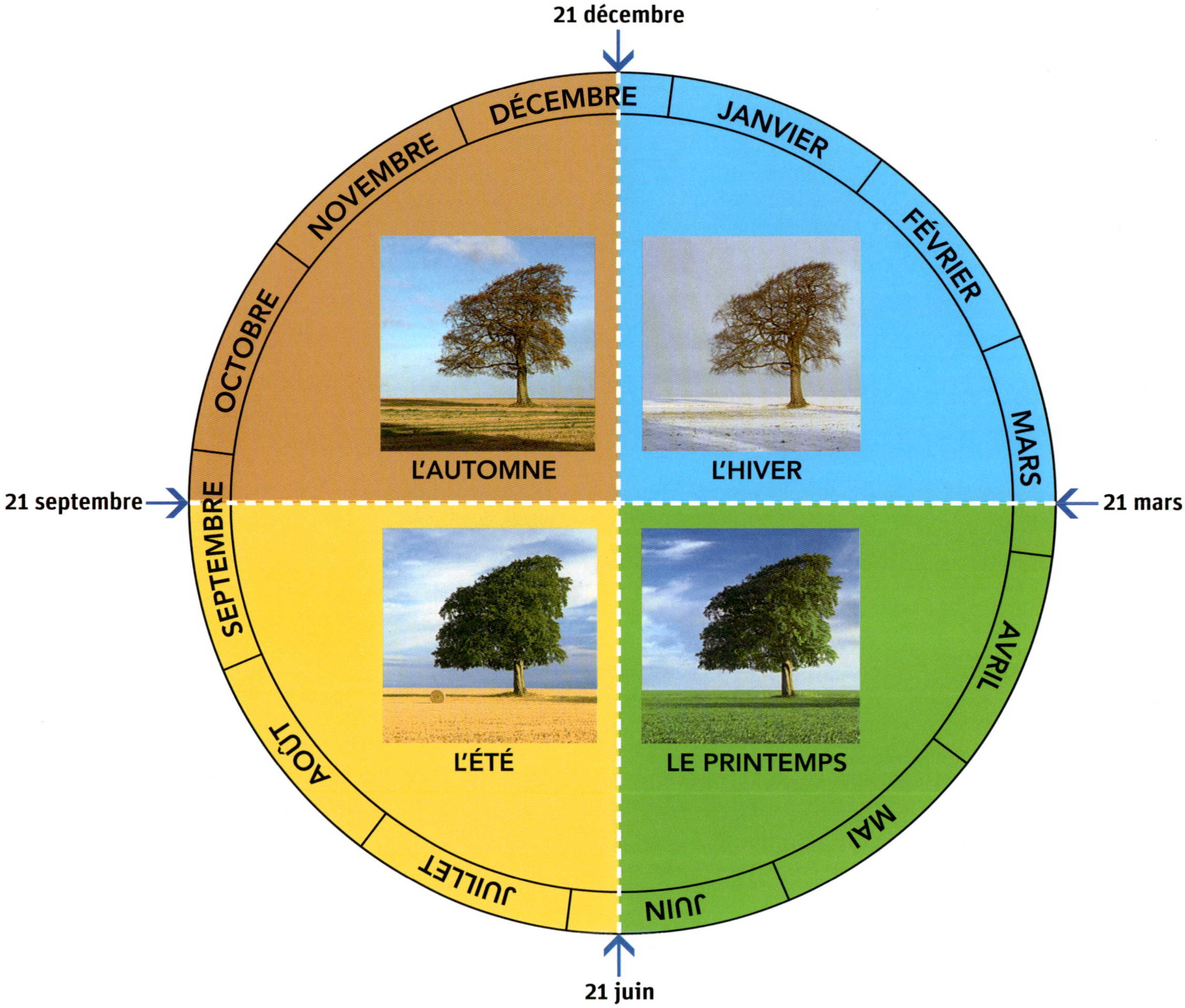

Document 1 : L'année et les 4 saisons.

1. À quelle date le printemps commence-t-il ?

2. À quelle date l'été finit-il ?

3. Quelles sont les dates de début et de fin de l'automne ?

4. Pendant quels mois est-on en hiver ?

correspond chaque saison ?

Document 2 : La construction d'un bonhomme de neige.

Document 3 : La cueillette du muguet.

Document 4 : Des jeux sur la plage.

Document 5 : Le ramassage des châtaignes dans les bois.

5. À quelle saison correspond le Document 2 ? Quel temps fait-il ?

6. Quel jour offre-t-on du muguet ? À quelle saison ?

7. À quelle saison correspond le Document 4 ? Comment sais-tu le temps qu'il fait ?

8. À quelle saison ramasse-t-on des châtaignes (Document 5) ?

9. Classe les Documents 2 à 5 dans l'ordre des saisons au cours d'une année.

L'œil de l'artiste sur...

Document 1 : Giuseppe Arcimboldo, *Le Printemps*, XVIe siècle.

Document 2 : Giuseppe Arcimboldo, *L'Automne*, XVIe siècle.

1. Comment l'artiste représente-t-il les visages (Documents 1 et 2) ?

2. À quoi reconnais-tu chaque saison ?

PETIT PRINTEMPS

Petit printemps fantasque,
Qui lance avec humeur
De violentes bourrasques
Sur les arbres en fleurs ;
Petit printemps sauvage
Comme un chat hérissé,
Qui nous crache au visage
De gros flocons glacés ;
Petit printemps boudeur,
Pourquoi faire la moue ?
Laisse tes douces fleurs
Refleurir sur ta joue.

Albert Atzenwiler,
Heures claires, Heures grises.

Document 3 : Un poème.

Document 4 : Une sculpture de sable.

3. Que représente cette sculpture ?

4. En quel matériau est-elle réalisée ?

les saisons

Document 5 : Hiroshige Utagawa, *Le Pont Taijo et la Colline Yûshi à Meguro*, estampe japonaise, vers 1857.

5. Quelle saison l'artiste a-t-il représentée ?

6. À quoi le vois-tu ?

LEXIQUE

Météo : le temps qu'il fait.

BLOC-NOTES

Les saisons

Quatre saisons se succèdent dans l'année : le printemps, l'été, l'automne et l'hiver.

La **météo** change selon les saisons : il fait chaud en été et froid en hiver.

L'hiver

En **hiver**, les journées sont courtes et le Soleil ne monte pas haut dans le ciel. Il fait froid et les arbres n'ont plus de feuilles. Tu peux jouer dans la neige.

Le printemps

Au **printemps**, le Soleil est de plus en plus haut dans le ciel. Le temps se réchauffe et il pleut souvent. La nature se réveille après l'hiver : c'est la saison où les fleurs s'ouvrent et où l'on sème les graines.

L'été

En **été**, le Soleil monte haut dans le ciel et il fait jour plus longtemps. Il fait chaud et tu peux te baigner dans la mer. C'est l'époque des grandes vacances. C'est aussi la saison où l'on récolte de nombreux fruits.

L'automne

En **automne**, les jours raccourcissent. Il fait moins chaud et il pleut souvent. Les arbres perdent leurs feuilles.

Qu'est-ce

Chaque être humain naît, grandit, devient adulte, puis vieillit et meurt…

qu'une vie ?

(e)

(f)

Document 1 : Les étapes de la vie de Nolan.

(g)

1. Dans quel(s) dessin(s) Nolan est-il enfant ?

2. Dans quel(s) dessin(s) est-il adulte ?

3. Comment s'appelle la fin de la vie ?

4. Classe les étapes de la vie de Nolan dans l'ordre chronologique.

5. Et toi, à quelle étape de ta vie es-tu ?

Comment retracer la vie

1. Décris cette frise chronologique.

2. Quelles sont les périodes successives de la vie ?

3. À quelle période de la vie la photographie (a) est-elle reliée ?

d'une personne ?

Document 1 :
La vie d'une femme.

	vieillesse

4. Regarde les photographies (b) à (f). Où peux-tu les placer sur la frise chronologique ?

5. Quels indices te permettent de classer ces photographies dans l'ordre ?

6. Dans quelle(s) période(s) de la frise chronologique pourrais-tu mettre des photographies de toi ?

L'œil de l'artiste sur… la vie

Document 1 : Enluminure *Les Âges de l'homme*, maître Antoine de Bourgogne, vers 1467-1475.

MAMAN

Il y a longtemps
Je n'étais pas grand
Et je t'aimais déjà maman.

Mais aujourd'hui,
J'ai bien grandi
Et je t'aime encore autant maman.

Et demain quand
Je serai géant
Je t'aimerai encore toujours maman.

Christian Merveille, *C'est moi Maman !*,
coll. « Petit train », Mijade, 2007.

Document 2 : Un poème.

1. Quelles périodes de la vie l'artiste a-t-il représentées (Document 1) ?

Document 3 : La tombe de Léon Théry au cimetière du Père-Lachaise à Paris.

2. Quelle période de la vie de Léon Théry le sculpteur a-t-il représentée ?

d'une personne

Document 4 : Pablo Picasso, *Maya à la poupée*, 1938.

3. Qu'a voulu représenter le peintre ?

4. D'après toi, quel âge a Maya ?

LEXIQUE

Adolescence : période au cours de laquelle une personne passe de l'enfance à l'âge adulte (de 11 à 16 ans).

BLOC-NOTES

Les étapes successives de la vie

La vie commence à la **naissance**. Le bébé grandit et devient un enfant qui marche, parle et est de plus en plus autonome. À l'**adolescence**, son corps se transforme pour devenir celui d'un adulte. Il est dans la période de la **jeunesse**. Devenu **adulte**, il peut avoir des enfants et être un papa ou une maman. Ensuite, l'adulte **vieillit**. Sa vie se termine par la **mort**.

Ces périodes successives constituent **les âges de la vie**.

naissance → bébé → enfance → adolescence → jeunesse → adulte → vieillesse → mort

La frise chronologique

Les moments successifs de la vie peuvent être mis dans l'ordre dans lequel ils se produisent. On appelle cette représentation **la frise chronologique**. L'événement le plus ancien est à gauche au début de la frise. L'événement le plus récent est à droite à la fin de la frise.

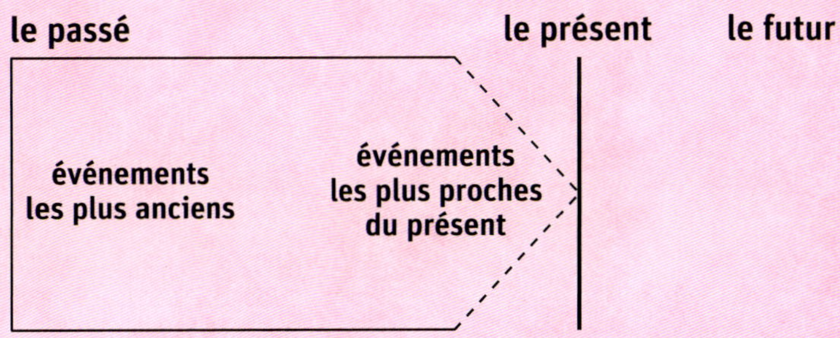

Je découvre la frise chronologique de la vie de Manon

La frise chronologique de la vie d'une personne présente dans l'ordre les différentes étapes de sa vie.
On lit une frise chronologique de la gauche vers la droite, du passé vers le présent.
Une flèche indique le sens de la lecture.

Voici la frise chronologique de la vie de Manon.
Sa vie commence à sa naissance. Des événements importants lui sont arrivés jusqu'à aujourd'hui. Quand elle sera plus âgée, sa frise chronologique s'allongera et elle pourra ajouter d'autres événements de sa vie.

Manon vient de naître.

Manon fête son 1er anniversaire.

Manon fait de la luge à la montagne.

Manon apprend à faire du vélo.

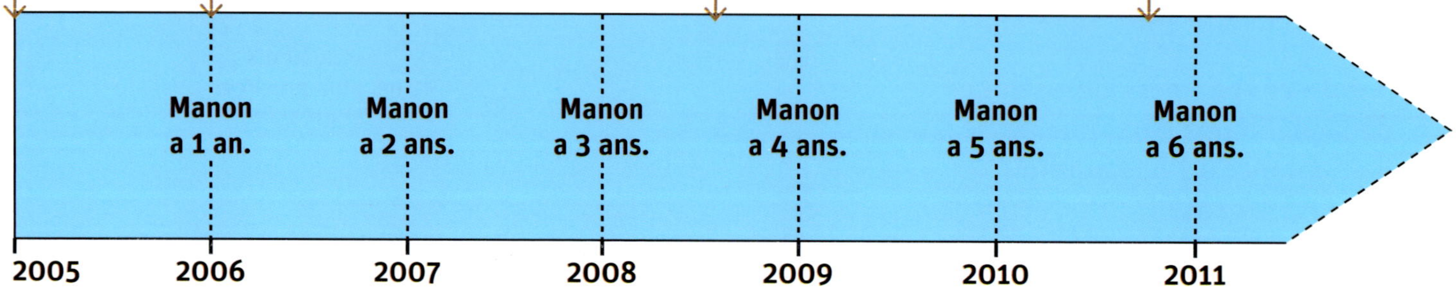

une frise chronologique

- Observe la frise chronologique. Tu remarques que l'âge de Manon apparaît chaque année au moment de son anniversaire. Manon a 6 ans en 2011.
- Tu observes que les photographies de quelques évènements de la vie de Manon sont fléchées sur la frise : quand elle a fêté son 1er anniversaire, quand elle a fait de la luge pour la 1re fois...
- Grâce à la flèche, tu sais quel événement s'est passé, à quel moment et s'il a eu lieu avant ou après un autre événement.

Je construis la frise chronologique de ma vie

Matériel

- une bande de papier ;
- de la colle ;
- des ciseaux ;
- des crayons ;
- du ruban adhésif ;
- des photographies de toi bébé et à différents âges.

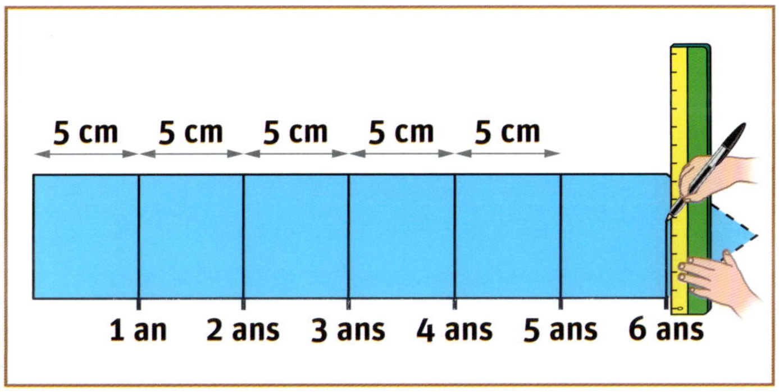

Étape 1

Trace les traits qui représentent tes anniversaires.

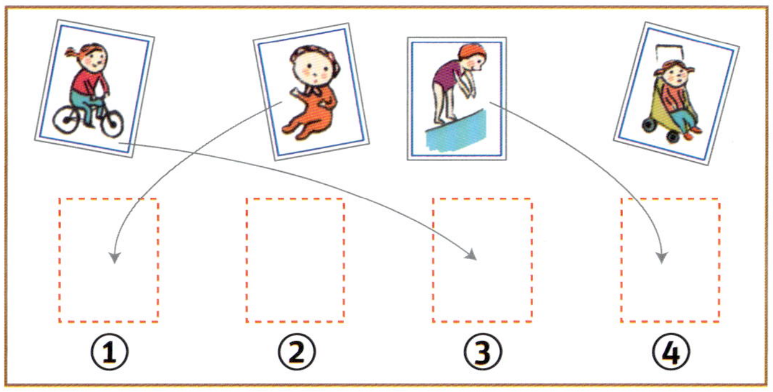

Étape 2

Choisis tes photographies et classe-les dans l'ordre chronologique.

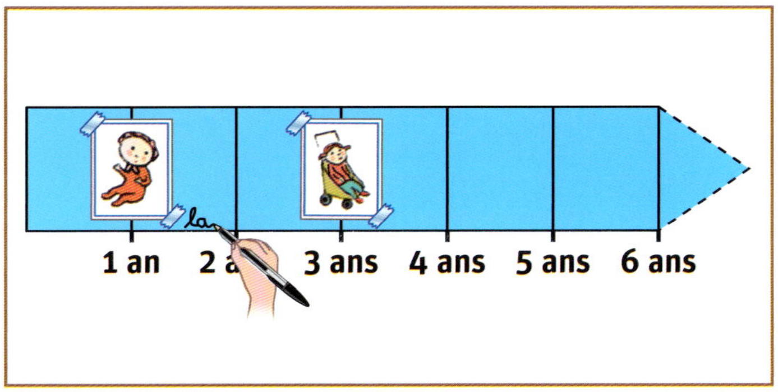

Étape 3

Colle tes photographies sur ta frise chronologique, de la plus ancienne à la plus récente.

Étape 4

Compare ta frise avec celles de tes camarades.

Qu'est-ce

Une famille comprend plusieurs générations : les enfants, les parents et les grands-parents.

Document 1 : Une famille.

1. Dans cette famille, quelles personnes sont les grands-parents ?
2. Lesquelles sont les parents ?
3. Lesquelles sont les petits-enfants ?
4. Quels indices t'ont permis de le savoir ?
5. Combien de générations sont présentes sur cette photographie ?

qu'une famille ?

Document 2 : Un arbre généalogique.

6. Comment s'appellent les parents de Raphaël ?

7. A-t-il un frère ou une sœur ?

8. Qui sont ses grands-parents du côté de son père ?

9. Qui est le père de Marie ?

10. Qui est le père de Julie ?

11. Quels sont les enfants d'Éliane ?

12. Combien de générations sont représentées sur cet arbre généalogique ?

Tu peux reconnaître facilement la manière dont vivaient tes grands-parents car les objets qu'ils utilisaient n'étaient pas tout à fait comme aujourd'hui.

Document 1 : Une femme utilise une machine à laver le linge il y a 60 ans.

1. Comment cette femme fait-elle sa lessive ?

2. Tes parents utilisent-ils la même machine à laver le linge aujourd'hui ? Quelles sont les différences ?

Document 2 : Chez l'épicier il y a 70 ans.

3. Dans quoi cette petite fille transporte-t-elle le lait ?

4. Qu'est-ce qui a changé par rapport à aujourd'hui ?

tes grands-parents ?

Document 3 :
Une classe
il y a 55 ans.

5. Décris cette salle de classe.

6. Qu'utilisent les élèves pour écrire ?

7. Où est l'encre ?

8. Quels sont les points communs avec ta classe aujourd'hui ?

9. Quelles sont les différences ?

L'œil de l'artiste sur... tes parents et

Document 1 :
Une affiche publicitaire.

1. De quel objet cette affiche publicitaire parle-t-elle ?

2. Quel est le slogan de cette affiche ?

3. À quoi vois-tu que cette affiche n'a pas été créée aujourd'hui ?

LA RÉUNION DE FAMILLE

Ma tante Agathe
Vient des Carpates
À quatre pattes

Mon oncle André
Vient de Niamey
À cloche-pied

Mon frère Tchou
Vient de Moscou
Sur les genoux

Ma sœur Loulou
Vient de Padoue
À pas de loup

Grand-mère Ursule
Vient d'Ashtabule
Sur les rotules

Grand-père Armand
Vient de Ceylan
En sautillant

Ma nièce Ada
Vient de Java
À petits pas

Mon neveu Jean
Vient d'Abidjan
Clopin-clopant

Oncle Firmin
Vient de Pékin
Sur les deux mains

Mais tante Henriette
Vient à la fête
En bicyclette

Jacques Charpentreau,
in La Nouvelle Guirlande de Julie,
Éditions Ouvrières / Éditions de l'Atelier,
1976.

Document 2 : **Une poésie.**

tes grands-parents

Document 3 : *Une famille bretonne*, sculpture de Pierre Gourdel, en 1864.

4. À quoi vois-tu que l'artiste a sculpté une famille ?

5. À ton avis, qui est la personne de la famille représentée à droite ?

LEXIQUE

Ancêtres : grands-parents, arrière-grands-parents et générations précédentes.

Généalogie : liste des membres d'une famille sur plusieurs générations.

BLOC-NOTES

Une famille

Une famille est l'ensemble des personnes qui ont des **liens de parenté** entre elles. Elle peut compter **plusieurs générations**. Les plus jeunes membres de la famille sont les **enfants** : il peut y avoir des garçons et des filles qui sont **frères** et **sœurs**. Les enfants ont des **parents** qui ont eux-mêmes des parents : ce sont les **grands-parents**. Les parents des grands-parents sont les **arrière-grands-parents**.

L'arbre généalogique

L'**arbre généalogique** est une manière de représenter les **liens de parenté** entre les membres de la famille. Tu peux rechercher qui sont tes **ancêtres** pour retracer ta **généalogie**.

La manière de vivre

Parmi les objets qu'utilisaient tes grands-parents ou tes parents, certains ne sont plus utilisés aujourd'hui. Le **progrès technique** a permis de les remplacer ou de les faire évoluer.

Comment découvre-t-on

Il y a de nombreuses traces du passé autour de nous : des objets, des monuments, des œuvres d'art… Elles nous apprennent comment vivaient nos ancêtres autrefois.

Document 1 : Un chantier de fouilles archéologiques.

1. Quels objets l'archéologue a-t-il découverts ?

2. D'après toi, pourquoi est-il intéressant de faire une telle découverte ?

Document 2 : La ville de Nantes, dans l'Ouest de la France.

3. Tous les bâtiments de Nantes ont-ils été construits à la même époque ?

4. Lesquels sont les plus anciens ? les plus récents ?

5. Dans ta ville, connais-tu des bâtiments très anciens et d'autres très récents ? Cite-les.

les traces du passé ?

Document 3 :
Une scène de chasse dans un livre du Moyen Âge (XVe siècle).

6. Que vois-tu sur ce document ?

7. Que nous apprend-il sur la manière de chasser au Moyen Âge ?

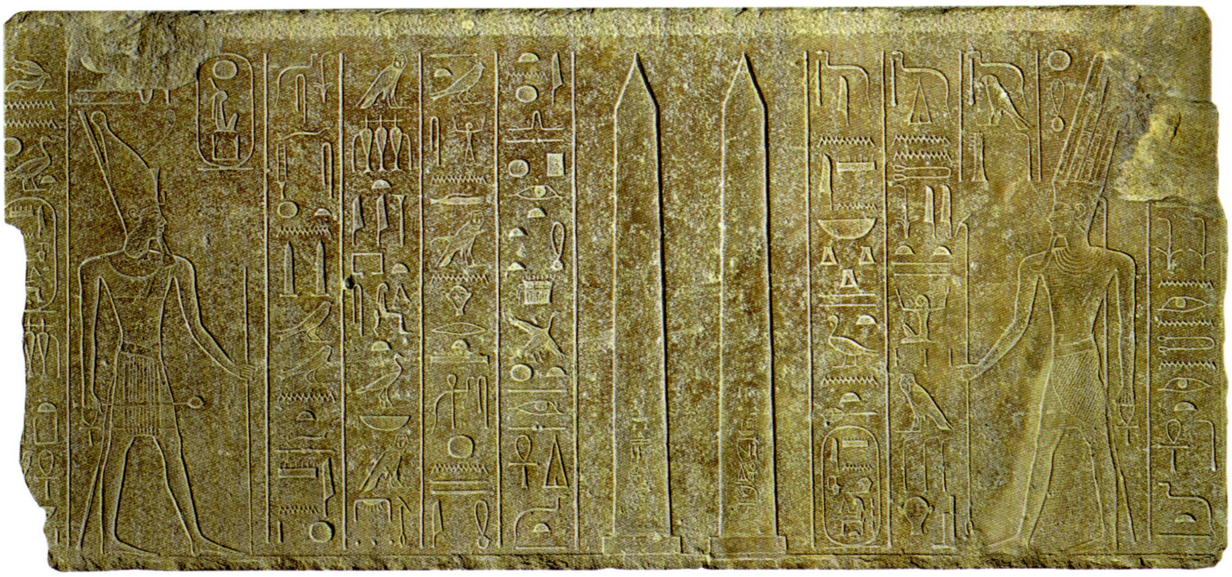

Document 4 :
Un bas-relief égyptien représentant une scène de la vie de la reine Hatshepsout (vers 1500 avant J.-C.).

8. En quel matériau ce bas-relief est-il réalisé ?

9. Comment l'histoire est-elle écrite ?

Ta manière de vivre et les objets qui t'entourent sont différents de ceux de tes arrière-grands-parents.

Document 1 : Labourer un champ.

1. Quelle photographie est la plus ancienne ?

2. Comment le paysan labourait-il ses champs autrefois ? et aujourd'hui ?

3. Quels sont les avantages du tracteur ?

Document 2 : Le téléphone.

4. Avec le téléphone de 1950, pouvait-on téléphoner en marchant dans la rue ? Pourquoi ?

5. Comment faisait-on les numéros pour téléphoner ?

tes arrière-grands-parents ?

Document 3 : Une rue de Paris en 1900.

Document 4 : Une rue de Paris en 2006.

6. Avec quels moyens de transport se déplaçait-on en ville en 1900 (Document 3) ?

7. Quels nouveaux moyens de transport voit-on sur le Document 4 ?

Document 5 : Une chaumière.

Document 6 : Une maison solaire.

8. Quelles sont les différences entre ces deux maisons ?

9. Qu'y a-t-il sur leur toit ?

L'œil de l'artiste sur… les objets

DANS LA CHAMBRE DU GRAND-PÈRE

Dans la chambre du grand-père
il y avait un coquillage
qui soupirait et chantait
comme le vent et la mer.

Dans la chambre du grand-père
il y avait un petit coffre
en bois luisant jaune clair,
qu'il rapporta d'un de ses voyages
et que lui seul savait ouvrir.

Il y avait deux Japonais
en ivoire, sous un globe ;
et tout au fond d'un tiroir,
dans son écrin de velours vert,
– bijou poli par les vagues –
la pipe en écume de mer !

Madeleine Ley, *Petites Voix*, Stock.

Document 1 : Un poème.

Document 2 : Un anneau de cheville, Inde, XIXe siècle.

1. Décris cet objet ancien (Document 2).

2. À quoi servait-il ?

3. Que représente cette sculpture (Document 3) ?

4. Quels objets reconnais-tu dans cette sculpture ?

Document 3 : *Tricycle*, une sculpture en métal de Jean Tinguely (1960).

Document 4 : Un vase grec, vers 600 avant J.-C. (il y a plus de 2 600 ans).

5. D'après toi, à quoi cet objet servait-il ?

6. À ton avis, en quelle matière est-il ?

7. Décris le décor.

LEXIQUE

Siècle : une période de 100 ans. Par exemple, le vingtième siècle a duré de 1901 à 2000. Nous sommes actuellement au vingt et unième siècle.

Témoignage : récit qu'une personne fait d'un événement du passé qu'elle a vécu.

BLOC-NOTES

Qu'est-ce que le passé ?

Le passé est tout ce qui a eu lieu avant aujourd'hui : hier, il y a de nombreuses années ou il y a plusieurs **siècles**.

Tous les hommes ont un passé : toi, tes parents, tes grands-parents et tes ancêtres plus anciens.

Comprendre le passé proche

Pour comprendre le passé le plus proche de nous, il faut interroger des personnes comme tes parents ou tes grands-parents et **recueillir leurs témoignages**. Tu peux aussi regarder des photographies, des films ou observer des objets de cette époque pour savoir comment les gens vivaient.

Comprendre le passé lointain

Lorsque le passé est plus ancien, il n'existe plus de témoins vivants. Mais les hommes du passé ont laissé **des traces de leurs vies** à travers leurs constructions, des objets de leur quotidien, leurs dessins ou leurs écrits.

Les historiens et les archéologues recherchent et étudient les traces du passé. Ils racontent l'histoire des hommes et leur manière de vivre.

Quels personnages ont

La France a été dirigée par des rois, parfois par des empereurs et l'est aujourd'hui par des présidents de la République. Ces grands personnages ont fait l'histoire de France.

① **Charlemagne**
Roi des Francs, il est devenu empereur d'Occident après de nombreuses conquêtes. Il a vécu il y a 1 200 ans.

② **Vercingétorix**
Chef des tribus gauloises, il s'est révolté contre l'Empire romain de Jules César. Il a vécu il y a plus de 2 000 ans.

③ **Clovis**
Clovis est le premier roi catholique de la France, qui s'appelait alors le royaume des Francs. Il a vécu il y a 1 500 ans.

④ **Jeanne d'Arc**
Elle a pris la tête de l'armée française et a permis le sacre du roi de France, avant d'être brûlée vive par les Anglais à Rouen. Elle a vécu il y a 600 ans.

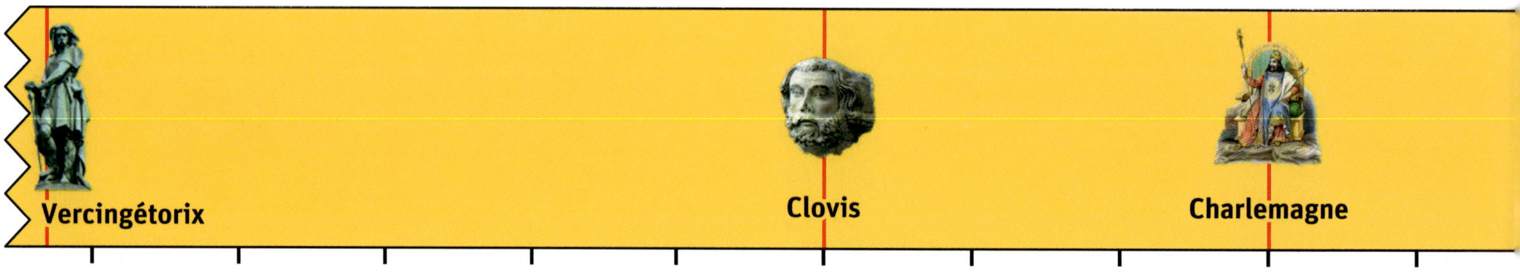

1. Cite les personnages historiques présents sur la frise. Lequel est le plus ancien ? le plus récent ?

2. Compare les documents 1 à 8 avec la frise chronologique. Les documents 1 à 8 sont-ils placés dans l'ordre chronologique ?

marqué l'histoire de France ?

Louis XIV ⑤
Il est le roi de France qui est resté le plus longtemps sur le trône. On l'appelait « le Roi-Soleil ». Il a vécu il y a plus de 300 ans.

Le général de Gaulle
Le 18 juin 1940, il a lancé un appel à la résistance contre l'occupation de la France par les Allemands. Il est ensuite devenu président de la République.
⑥

Napoléon Ier ⑦
Empereur des Français, il a organisé la France et a entraîné ses armées à la conquête de l'Europe. Il a vécu il y a 200 ans.

⑧

François Ier
Ce roi de France a accueilli de nombreux artistes pendant la période de la Renaissance. Il a vécu il y a 500 ans.

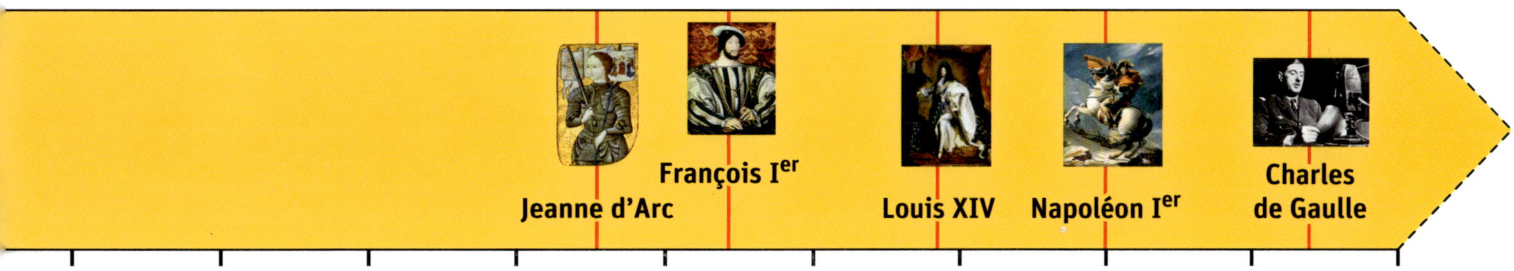

3. D'après toi, pourquoi ces personnages sont-ils encore connus aujourd'hui ?

4. Connais-tu des personnages historiques importants dans l'histoire de ta ville ou de ta région ?

Quels événements ont marqué

L'histoire de la France a été marquée par de grands événements, auxquels ont souvent participé des grands personnages historiques.

La Guerre de Cent Ans ①

Pendant la Guerre de Cent Ans qui oppose les Anglais aux Français pour la couronne de France, Jeanne d'Arc combat contre les Anglais et délivre Orléans, en 1429.

Le baptême de Clovis

Clovis unifie le royaume des Francs. Il est baptisé et devient le premier roi des Francs catholique, vers 476.

②

Le sacre de Charlemagne

En l'an 800, Charlemagne est couronné empereur d'Occident à Rome.

③

Vercingétorix à Alesia ④

Vercingétorix rassemble les Gaulois. Mais il est battu par les armées romaines et dépose les armes devant l'empereur romain César après la défaite d'Alésia, en 52 avant Jésus-Christ.

1. Quel est l'événement historique le plus récent ? le plus ancien ?

2. Quel grand personnage est associé à chaque événement historique ?

3. Connais-tu d'autres événements historiques de l'histoire de France ? Lesquels ?

l'histoire de France ?

(5)

Le château de Chambord

Inspiré par les artistes, François Ier fait construire le château de Chambord, chef-d'œuvre de la Renaissance, il y a 500 ans.

Le sacre de Napoléon Ier

Napoléon Ier se fait sacrer empereur des Français en 1804. Il organise la France et son administration.

(6)

La prise de la Bastille

(8)

Le 14 juillet 1789, le peuple de Paris se révolte et attaque la prison de la Bastille. C'est le début de la Révolution française.

La Libération de Paris

En août 1944, l'Allemagne nazie est battue et ses troupes quittent Paris après 4 ans d'occupation.

(7)

(9)

Le château de Versailles

Il est construit il y a 300 ans par le roi Louis XIV. Cet immense château accueillait toute la cour du Roi-Soleil.

4. D'après toi, la fête de ton école est-elle un événement historique ? Pourquoi ?

5. Connais-tu des événements historiques qui ont marqué l'histoire de ta ville ou de ton village ? Lesquels ?

L'œil de l'artiste sur… l'histoire

Document 1 : L'attaque d'un château fort, enluminure du XVe siècle.

1. Quel événement est représenté sur cette enluminure (Document 1) ?

2. D'après toi, le château et les soldats sont-ils représentés à la bonne taille ? Pourquoi ?

Document 2 : La statue de Louis XIV, par Antoine Coysevox.

3. Quel personnage historique cette statue représente-t-elle (Document 2) ?

4. Comment est-il coiffé ? habillé ?

LA MARSEILLAISE

Allons, enfants de la Patrie :
Le jour de gloire est arrivé !
Contre nous de la tyrannie
L'étendard sanglant est levé.
Entendez-vous dans nos campagnes
Mugir ces féroces soldats ?
Ils viennent jusque dans nos bras
Égorger nos fils, nos compagnes !

Aux armes, citoyens !
Formez vos bataillons !
Marchons, marchons…
Qu'un sang impur
Abreuve nos sillons !

Rouget de Lisle, 1792.

Document 3 : L'hymne national de la France.

Document 4 : Le Panthéon à Paris.
Ce monument a été construit il y a un peu plus de 200 ans à la gloire des grands hommes de la France.

5. Que peux-tu lire au-dessus des colonnes de ce bâtiment ?

6. Qu'est-ce qui te montre que le Panthéon est un grand monument et pas un bâtiment ordinaire ?

7. Ce monument te semble-t-il impressionnant ? Pourquoi ?

LEXIQUE

Événement historique : action qui a marqué l'histoire (une guerre, une défaite, une élection…).

Histoire de France : ensemble des événements et des personnages marquants au cours des siècles.

Personnage historique : homme ou femme qui a marqué l'histoire par son action.

BLOC-NOTES

L'histoire de France

La France a une histoire. Dans le passé, de grands événements ont eu lieu qui ont changé la vie des Français. De grands **personnages** ont participé à ces **événements** et ont permis à notre pays de construire son histoire.

Les grands personnages de l'histoire de France

Des grands personnages ont marqué l'**histoire de France**. Il y en a eu à chaque époque. Ce sont **des hommes ou des femmes dont l'action a changé le cours de l'histoire**, parce qu'ils ont gagné des guerres, parce qu'ils ont rassemblé des territoires, parce qu'ils ont pris des décisions importantes, parce qu'ils ont organisé le pays…

Les grands événements historiques

De nombreux événements ont marqué l'histoire de la France : des victoires, des défaites, le couronnement d'un roi, l'élection d'un président de la République… Le plus souvent, on associe un personnage historique important à chaque grand événement.

Les Français gardent **la mémoire de l'histoire de France** grâce aux traces laissées par les hommes du passé (monuments, peintures, sculptures, écrits…).

PETIT DICTIONNAIRE DU TEMPS

A

Adolescence : période au cours de laquelle une personne passe de l'enfance à l'âge adulte (de 11 à 16 ans).

Ancêtres : grands-parents, arrière-grands-parents et générations précédentes.

Année : temps que met la Terre pour faire 1 tour autour du Soleil : 365 jours.

Aube : moment où le Soleil se lève : il commence à faire jour.

C

Crépuscule : moment où le Soleil se couche, mais où il ne fait pas encore nuit.

D

Durée : temps qu'il faut pour faire quelque chose.

E

Emploi du temps : programme des activités à faire dans une journée.

Événement historique : action qui a marqué l'histoire (une guerre, une défaite, une élection…).

F

Frise chronologique : événements placés sur une ligne dans l'ordre de leur déroulement.

G

Généalogie : liste des membres d'une famille sur plusieurs générations.

H

Heure : moment précis dans une journée. 1 heure = 60 minutes.

Histoire de France : ensemble des événements et des personnages marquants au cours des siècles.

J

Jour : il a une durée de 24 heures.

L

Loisir : activité passée en dehors de l'école, le mercredi, le week-end ou pendant les vacances.

M

Météo : le temps qu'il fait.

P

Personnage historique : homme ou femme qui a marqué l'histoire par son action.

S

Semaine : période de 7 jours, du lundi au dimanche.

Siècle : une période de 100 ans. Par exemple, le vingtième siècle a duré de 1901 à 2000. Nous sommes actuellement au vingt et unième siècle.

T

Témoignage : récit qu'une personne fait d'un événement du passé qu'elle a vécu.

Achevé d'imprimer en Espagne par Cayfosa - Dépôt légal: 03/2011 - Collection 74 - Édition 01- 11/7561/1